60 activités Montessori pour mon bébé

préparer son univers, l'éveiller et l'aider à faire seul

Marie-Hélène Place

photographies
Ève Herrmann

sommaire

Préparer l'univers du nouveau-né

1. Préparer la chambre du bébé
2. Une ambiance calme et apaisante
3. Créer quatre espaces
4. L'espace pour dormir
5. Le lit
6. L'espace pour changer et habiller le bébé
7. L'espace pour nourrir le bébé
8. Un espace pour l'activité
9. Le matelas d'activités
10. Le miroir
11. L'étagère
12. Les cadres

Le matériel du bébé

13. Les mobiles
14. Le mobile de Munari
15. Le mobile des octaèdres
16. Le mobile de Gobbi
17. Le mobile des danseurs
18. Les objets suspendus
19. L'anneau
20. Le grelot
21. Un hochet pour les pieds

Découvrir, parler, partager

22. Habillage
23. Découvrir de nouveaux goûts
24. Explorer la maison
25. Marcher à quatre pattes
26. Coucou caché
27. Cache-cache
28. Jeux de mains et de doigts
29. La musique
30. À la découverte des sons
31. Découvrir les livres
32. Découvrir le langage

Le tout-petit a besoin...

La main et le cerveau

- **33** Les hochets
- **34** Le hochet à deux disques
- **35** Les paniers
- **36** L'exploration
- **37** Les paniers d'objets du quotidien
- **38** Les objets classés par thème
- **39** Petits coussins tactiles
- **40** Un tapis pour les activités
- **41** Les boîtes
- **42** La boîte à forme unique
- **43** Les formes géométriques
- **44** La balle en tricot
- **45** La tirelire
- **46** L'œuf et le coquetier
- **47** Enfiler
- **48** Trier et enfiler
- **49** Quelques grains de café

Ce que l'enfant peut faire

Créer une ambiance sereine et positive

- **50** La politesse
- **51** Le petit coussin de réflexion
- **52** Face aux colères
- **53** Participer aux activités du quotidien
- **54** Rassembler et ramasser
- **55** Adapter la maison à l'enfant
- **56** Pour se laver
- **57** Pour manger
- **58** L'aider à manger seul
- **59** L'aider à s'habiller seul
- **60** Au jardin

Introduction

Ma rencontre avec la pédagogie de Maria Montessori a été une formidable révélation. Ma petite enfance a surgi du passé, j'ai retrouvé ce que m'avait transmis ma mère (amour, gentillesse, respect, autonomie, ouverture au monde...) et cela, malgré toutes les attitudes d'éducation surannées que nous pouvions rencontrer.

Avoir des enfants et les accompagner dans leur parcours de vie respectif m'a donné l'envie urgente d'écrire pour faire connaître la philosophie de Maria Montessori et le fruit de son extraordinaire travail. Cette personne généreuse à l'intelligence hors du commun a dédié sa vie à élever l'être : l'être accompagnant comme l'être accompagné.

Je souhaite à tous ceux qui s'intéresseront à cet ouvrage, « découvreurs » ou déjà « connaisseurs » de la pédagogie Montessori, de vivre en toute conscience ce cheminement avec eux-mêmes, portés par cette formidable jubilation intérieure, et de la transmettre en accompagnant avec sérénité l'Enfant : cette personne à part entière.

Marie-Hélène Place

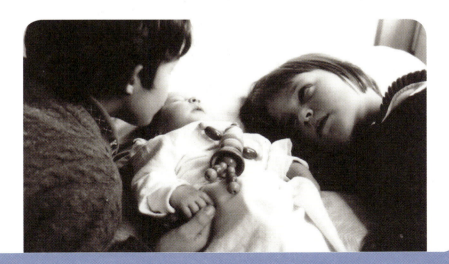

Pour Gabriel,
et pour chacun de nos bébés,
si précieux et magnifiques,
qui viennent au monde.

MHP

Maria Montessori

Née en 1870, elle fut la première femme médecin en Italie. En tant que telle, elle observa le fonctionnement de l'enfant et comprit comment accompagner le développement de son intelligence et de sa personnalité.
Devenue brillante éducatrice et philosophe, elle s'engagea totalement pour le respect de l'enfant, comme personne à part entière.

La pédagogie Montessori

Le génie de Maria Montessori, fondé sur de solides connaissances scientifiques, lui permit d'élaborer une pédagogie nouvelle, créant une révolution dans le monde de l'éducation.
En particulier, elle observa que l'enfant de 0 à 6 ans est doté d'un « esprit absorbant » qui lui permet de capter les impressions perçues dans son environnement et qu'il passe par des « périodes sensibles », pendant lesquelles il voue toute son énergie à acquérir une compétence en particulier. Ces périodes sont transitoires

et, si l'enfant n'est pas stimulé à ce moment-là, alors l'occasion d'apprendre passe et il lui faudra fournir un dur labeur pour rattraper une acquisition qui aurait pu se faire facilement.

L'enfant est donc capable d'intégrer ce que son entourage lui offre au moment qui lui convient le mieux pour se construire, et pour cela il a besoin de calme, d'un environnement et d'un matériel appropriés.

Les bébés

C'est vers 1920, à la naissance de ses petits-enfants, que Maria Montessori va s'intéresser aux bébés. Elle va alors créer des lieux d'accueil pour les tout-petits : le **Nido**, qui accueille comme un nid les bébés de 2 mois et demi jusqu'à environ 15 mois (lorsque le bébé se tient debout et marche), et la **Communauté enfantine**, qui accueille les petits de 15 mois à 2 ans et demi-3 ans.

Dans ces structures, les éducateurs organisent l'ambiance et les activités en fonction des périodes sensibles de l'enfant afin que ce dernier puisse exploiter au mieux toutes ses capacités du moment. Ils observent l'enfant et répondent à ses besoins en intervenant le moins possible afin de favoriser son autonomie.

Son œuvre, ses écoles

En 1907, elle ouvre la première Maison des enfants *(Casa dei bambini)* dans un quartier populaire de Rome. De 1914 à 1918, elle crée aux États-Unis un collège pour enseignants. En 1929, elle fonde l'Association Montessori Internationale, dont l'objectif est de préserver, de propager et de promouvoir ses principes et pratiques pédagogiques.

En 1936, l'Italie fasciste condamne et ferme toutes les écoles Montessori. Maria s'installe alors aux Pays-Bas, puis en Inde où elle crée de nombreuses écoles.

En 1952, elle retourne en Italie qui la réhabilite, mais elle préfère vivre aux Pays-Bas, où elle meurt à l'âge de 81 ans. Aujourd'hui, il existe plus de huit mille écoles Montessori, réparties sur cinq continents.

Comment suivre les activités présentées dans ce livre ?

Lisez ce livre en entier, cela vous donnera une idée globale de l'aventure que vous allez vivre avec votre tout-petit et vous permettra de préparer l'environnement et le matériel.

Les activités ne sont pas classées par âge, elles suivent un ordre chronologique propre à la pédagogie Montessori. Chaque enfant a un rythme de développement qui lui est spécifique, vous serez donc la meilleure personne pour vous rendre compte si votre enfant est prêt pour telle activité, ou s'il est préférable de la lui proposer plus tard.

Maria Montessori, 1913.

Préparer l'univers du nouveau-né

Avant son arrivée, préparez-lui un environnement harmonieux où il se sentira bien, qui respecte et encourage son autonomie, où il puisse expérimenter différentes sensations, développer ses compétences en sécurité, et qui lui donne envie de s'intéresser à ce qu'il y a autour de lui.

Et le voilà parmi nous, épuisé par le terrible contraste entre le repos parfait et l'inénarrable effort qu'il vient d'accomplir.

Maria Montessori, *L'Enfant dans la famille*

1

préparer la chambre du bébé

Aménager la chambre concrétise la venue du bébé dans la famille. L'idéal est de penser et de préparer son environnement avant sa naissance. Cela vous permettra d'être disponible et de lui consacrer toute votre attention lorsqu'il sera là. Pour offrir au bébé un sentiment de sécurité et d'ordre, gardez le même aménagement toute la première année. Prenez le temps de penser l'aménagement et l'organisation de sa chambre en tenant compte de son évolution. Mettez-vous dans la chambre qui sera celle de votre bébé et écoutez les sons. Choisissez de préférence une pièce au calme — cela favorisera son attention et sa concentration. Si c'est possible, installez-la côté jardin d'où il pourra percevoir le bruissement des feuilles et le chant des oiseaux.

Allongez-vous à l'endroit où il dormira : assurez-vous que la lumière du jour ou des lampes n'éclaire pas trop directement son visage. Explorez sa chambre, baissez-vous, rampez, déplacez-vous à quatre pattes pour voir ce qui va attirer le bébé, ce qu'il pourra atteindre lorsqu'il rampera, marchera à quatre pattes et se mettra debout à son tour.

2

une ambiance calme et apaisante

Créez une atmosphère calme et apaisante en privilégiant des murs unis aux tons neutres et clairs. Un plafond blanc cassé reflétera la lumière d'une manière chaleureuse. Prévoyez une lampe de chevet pour relayer la lumière du jour.

La chambre est épurée et facile à ranger. Ne mettez que très peu de choses aux murs et peu d'objets dans la pièce. Au cours des trois premières années de sa vie, l'enfant va absorber, telle une éponge, tout ce qui est dans son environnement. Le choix des objets qui l'entourent est donc important. Ils doivent être attirants, de qualité, adaptés à sa taille, à ses capacités et soutenir son attention. Un bel environnement, bien organisé, rendra l'enfant plus indépendant et l'aidera à se concentrer.

l'univers du nouveau-né

3
créer quatre espaces

Idéalement, la chambre du bébé accueille quatre espaces distincts :
- Un espace pour dormir.
- Un espace pour changer, faire la toilette et habiller le bébé.
- Un espace pour le nourrir.
- Un espace pour l'activité.

Selon la configuration et la taille de la chambre, vous pouvez adapter la disposition de ces espaces, en délocalisant, par exemple, le lieu pour changer le bébé dans la salle de bains, ou le lieu pour le nourrir dans votre chambre ou au salon. Créer un univers calme et chaleureux n'exige pas forcément de disposer d'une vaste surface. Pensez l'espace dont vous disposez et prévoyez l'évolution de l'enfant.

l'univers du nouveau-né

4
l'espace pour dormir

Réfléchissez à l'endroit où l'enfant va dormir.
Que verra-t-il lorsqu'il se réveillera ?
Imaginez-vous installé à sa place au fond
d'un berceau d'où vous ne pouvez voir
que les rebords du lit et une parcelle du plafond.
Vous n'auriez alors pas envie d'y rester et vous
appelleriez en hurlant dès votre réveil afin qu'on
vous amène dans un lieu animé et agréable…
Maintenant, imaginez-vous couché dans un lit sans
rebords, d'où vous avez une vision de toute la pièce
et quelque chose d'intéressant à découvrir à votre
réveil : un mobile, par exemple, qui tourne lentement
sur lui-même, créant des jeux de lumière et d'ombre.
Vous seriez content d'observer cet univers et
vous gazouilleriez de plaisir pendant ce temps
d'observation et de bien-être.

Donner à l'enfant la possibilité d'avoir un point
de vue global sur sa chambre lui permet
de construire, au fil du temps,
une carte mentale de ce premier espace.
Dans les premières semaines,
la vie du bébé est rythmée par les cycles
successifs d'éveil et de sommeil.
Un rythme d'alternance nuit/jour se met en place.
Pour aider votre bébé à
synchroniser son sommeil de jour et son sommeil
de nuit, faites-le dormir avec la lumière tamisée
du jour dans la journée, et dans une pièce
où il fait noir, la nuit.

5
le lit

Le lit pour le bébé tel que le prévoit la pédagogie Montessori est différent du lit à barreaux.
Il s'agit d'un matelas dont la taille est approximativement de 1 m sur 90 cm, de 10 cm d'épaisseur environ. Choisissez, par exemple, un futon – un matelas traditionnel japonais en coton.
Recouvrez ce matelas d'une alaise en coton épais, puis d'un drap clair. Par-dessus, vous pouvez mettre un drap de coton plus petit : 60 x 80 cm environ, que vous changerez souvent plus facilement. Sur ce drap, posez une petite couverture ou un plaid en matière naturelle pour couvrir le bébé lorsqu'il dort. La couverture ne doit jamais border le lit.
Le matelas est posé au sol, dans un angle de la chambre.
Sur le côté ouvert, placez un tapis le long du lit, pour amortir le dénivelé entre

l'univers du nouveau-né

le matelas et le sol ; il sera très utile lorsque votre bébé commencera à rouler ou à se retourner. Au début, vous pouvez mettre une garniture matelassée ou des coussins rigides le long du mur et à la tête du lit.
Les premiers jours, le nouveau-né a besoin d'un environnement qui lui rappelle la sensation qu'il a connue dans le ventre de sa mère. Installez-le dans un couffin ou dans la nacelle du landau, que vous poserez sur le matelas. Votre bébé se sentira entouré, à l'abri, et vous pourrez le déplacer sans le réveiller.
Vous pouvez aussi vous procurer un Topponcino, un petit matelas à installer au fond du couffin, puis sur son lit. Conçu pour bercer le bébé et le transporter sans le réveiller, il lui procure un sentiment de sécurité et assure un bon maintien de sa tête.

6
l'espace pour changer et habiller le bébé

La commode

La commode est le meuble idéal pour changer votre bébé, car elle permet d'avoir toutes ses affaires à portée de main et ainsi de ne jamais le lâcher, ne serait-ce qu'un instant. Choisissez une commode dont les tiroirs sont faciles à ouvrir et à fermer, car votre enfant sera amené à l'utiliser lorsqu'il sera en âge de s'habiller seul.
Obstruez le bas de la commode avec une petite planche de bois afin d'éviter que le bébé ne se coince dessous lorsqu'il commencera à ramper. Aménagez un espace table à langer sur le dessus de la commode.

l'univers du nouveau-né

Placez un petit matelas lavable couvert
d'une serviette-éponge et d'un lange
de coton. Préférez toujours les couleurs claires,
qui participent à un univers calme et se lavent
facilement. Ayez à portée de main
une pile de langes.
Dans la commode, prévoyez des carrés
de coton, des couches et une petite sélection
de vêtements de saison.
Lorsque votre enfant sera plus grand, vous pourrez
coller des étiquettes sur les tiroirs : culottes,
chaussettes, chemises, pantalons, pulls...
Cette classification l'aidera dans son organisation
et lui indiquera que chaque objet porte un nom
auquel correspond un symbole écrit.

Près de la commode

Au-dessus de la commode, accrochez une étagère.
Vous y mettrez les articles pour la toilette du bébé :
un bol pour l'eau tiède, une pile de gants de
toilette, du coton, de l'huile d'olive,
un vaporisateur d'eau, des crèmes pour
le change, pour la peau, des ciseaux à ongles,
un thermomètre, une brosse à cheveux en soie...
Lorsque votre enfant aura environ 2 ans et demi,
vous pourrez baisser cette étagère à sa hauteur.
Il pourra l'utiliser, par exemple, pour installer
son petit musée naturel : des pierres, des graines,
des coquillages, des fleurs séchées, des insectes...
ou il s'en servira pour y ranger ses livres.
Au pied de la commode, prévoyez une petite
poubelle avec un couvercle à bascule pour
les couches usagées et une corbeille
pour le linge et les langes à laver.
Ne laissez ni la corbeille ni la poubelle dans
la chambre du bébé, avec des couches usagées
ou du linge sale.

l'univers du nouveau-né

7
l'espace pour nourrir le bébé

Aménagez un endroit confortable, en choisissant
un fauteuil dans lequel vous vous sentez bien
pour allaiter ou donner le biberon.
Ce peut être une méridienne, très agréable
pour allaiter, un fauteuil club, un rocking-chair
ou une chaise hamac suspendue au plafond.
Cette dernière berce à la fois la maman et le bébé,
qui retrouve les sensations de la position fœtale.
Vous pourrez y ajouter quelques coussins
et une peau de mouton.
À côté du fauteuil, prévoyez une petite table pour
y poser un verre d'eau, une boîte de mouchoirs
et un petit réveil silencieux qui sera utile pour vous
indiquer l'heure et la durée des tétées.
Au mur, vous pouvez accrocher un cadre avec
une photo de nature, par exemple, que l'enfant
verra lorsque vous le bercerez sur votre épaule.
Prévoyez une petite étagère à proximité,

accueillant quelques livres que vous lirez à votre bébé dès les premiers jours. Pensez à renouveler régulièrement votre sélection en variant les thèmes et les types de livres : un recueil de poèmes, de comptines et de chansons, puis des petits livres cartonnés et des livres à toucher...

l'univers du nouveau-né

8
un espace pour l'activité

La pédagogie de Maria Montessori encourage l'activité et l'autonomie de l'enfant. Dès la naissance, pensez à laisser à votre bébé des moments d'éveil pendant lesquels, seul, il observe autour de lui. Son attention se fixera sur ses mains, son mobile, son reflet dans le miroir... L'objectif est de lui donner des occasions de se concentrer. Pour Maria Montessori, la concentration et la volonté sont au centre de la construction de l'enfant. Pour cela, vous pouvez aménager un espace qui lui donnera envie de passer du temps seul, qui encouragera sa curiosité et l'invitera à faire des expériences nouvelles, constructives. Dans cet espace d'exploration et de découvertes, chaque élément sera adapté à l'évolution du tout-petit et à ses nouveaux centres d'intérêt. N'encombrez pas cet espace de nombreux objets et jouets qui multiplient les sollicitations.

l'univers du nouveau-né

Dans cet environnement, qui propose un bon équilibre entre défi et soutien, le bébé sera porté vers la limite supérieure de son potentiel.

Lorsque le bébé est concentré sur une activité, il est important de ne pas l'interrompre.
Les premiers mois, l'espace dédié aux activités va comporter :
- un matelas d'activités posé au sol, distinct du matelas pour dormir ;
- un miroir ;
- des mobiles ;
- une étagère basse accueillant les paniers où seront rangés les objets à observer, à saisir, à manipuler ;
- des cadres avec, par exemple, des œuvres d'art.

9
le matelas d'activités

Dans un coin de la chambre, distinct de l'espace
pour dormir, installez un autre matelas ou
un futon, avec, là aussi, un tapis au sol pour
amortir la descente car, dès que le bébé
se déplacera, il explorera sa chambre.
Il est préférable d'avoir deux matelas :
l'un propose des éléments pour motiver le bébé
lorsqu'il est éveillé, l'autre est
destiné au repos.

l'univers du nouveau-né

10
le miroir

Dans cet espace réservé aux activités, placez derrière le matelas un long miroir rectangulaire en verre épais et sécurisé, que vous poserez au sol et que vous visserez au mur.
Le bébé pourra se regarder et aura une vision globale de sa chambre.
Lorsqu'il sera sur le ventre, il sera motivé pour relever la tête et se regarder dans le miroir. Ainsi, peu à peu, il va acquérir assez de tonicité pour relever sa tête de plus en plus longtemps et observer toute sa chambre dans le miroir.
Le miroir renvoie la lumière et le mouvement et motive votre enfant à être actif, c'est pour cette raison qu'il est préférable qu'il soit éloigné du lit, destiné au repos.
Lorsque l'enfant sera plus grand, vous pourrez orienter le miroir à la verticale afin qu'il puisse se voir en entier pour s'habiller.

l'univers du nouveau-né

11
l'étagère

Près du matelas d'activités, installez une étagère solide, d'une hauteur d'environ 35 cm. Dans un premier temps, vous y poserez un seul petit panier contenant un hochet, puis, progressivement, différents paniers avec les objets, les jouets et les livres sélectionnés pour encourager l'activité et la curiosité de votre enfant.
Choisissez de préférence des jouets en bois naturel de bonne qualité, solides, intéressants à manipuler. Certains de couleur neutre, d'autres de couleurs vives pour stimuler les premières fonctions du cerveau du tout-petit.
Lorsque vous avez sélectionné le matériel et les jouets que vous laissez à disposition, rangez dans un placard ce qui n'est pas utilisé pour faire une rotation des objets présentés.

l'univers du nouveau-né

12
les cadres

Au-dessus de l'étagère, vous pouvez accrocher trois
cadres avec des œuvres d'art
ou des représentations de nature, d'animaux
ou de paysages...
Leur présence encouragera le bébé à se redresser
en prenant appui sur l'étagère – qui doit être
bien stable ou fixée au mur. Vous pouvez aussi
accrocher un petit miroir, qui, lui aussi, l'incitera
à se mettre debout dès qu'il le pourra.
Certains cadres sont particulièrement malins :
ils s'ouvrent par-devant et sont suffisamment épais
pour stocker une dizaine de photos ou de dessins
à renouveler selon l'évolution
et l'intérêt de l'enfant.

l'univers du nouveau-né

Le matériel du bébé

Offrez au bébé la bonne dose de stimulation — ni trop ni trop peu. Il est important de nourrir sa curiosité sans le surstimuler.
Le matériel proposé dans cette partie est adapté aux différents stades de développement de l'enfant et va solliciter chez lui certaines compétences, qu'il sera capable de développer à un moment particulier.

Dès qu'une vie incertaine et fragile perce le niveau de la conscience en mettant les sens en rapport avec l'environnement, la voilà qui s'élance et bande ses muscles dans l'effort incessant pour se réaliser. Il faut que cet effort obscur de l'enfant soit sacré à nos yeux. Il faut que cette manifestation laborieuse nous trouve prêts, car c'est à cette époque créatrice que la future personnalité de l'homme va se déterminer.

Maria Montessori, *L'Enfant dans la famille*

13
les mobiles

Les premiers objets que vous pouvez présenter à votre bébé sont les mobiles. Ils contribuent au développement de l'observation et lui donnent l'occasion de soutenir son attention.
À la naissance, le champ visuel est limité à 20-30 cm. En s'entraînant, il va pouvoir suivre à cette distance un objet qui se déplace lentement.
En focalisant son regard sur le mobile et en le suivant des yeux lorsqu'il est en mouvement, le bébé va développer sa capacité d'explorer visuellement le monde : découvrir les formes, les couleurs, la profondeur...
Le tout-petit, durant les premiers mois de sa vie, tirera beaucoup de plaisir à observer ces différents mobiles.

L'emplacement du mobile

- Vissez solidement au plafond — au-dessus du matelas d'activités — un crochet afin d'y suspendre les différents mobiles.
- Ce crochet devra être suffisamment solide pour supporter que le bébé tire sur un anneau du mobile mis à sa portée.
- Pour repérer le bon emplacement du crochet, allongez-vous sur le matelas du bébé et placez votre tête à l'endroit où se trouvera la sienne.
- Demandez à un tiers de placer un mobile 20 à 25 cm au-dessus de vos yeux, puis de le décaler de quelques centimètres vers le bas du lit, afin qu'il ne soit pas juste au-dessus du visage du bébé.
- L'emplacement du mobile doit offrir un bon angle de vision au bébé et lui assurer une bonne position du dos et du cou.

Lorsque l'enfant manifeste une perte d'intérêt pour le mobile, et qu'il semble vouloir voir autre chose, changez-le. La rotation des mobiles se fait toutes les deux ou trois semaines.

14
le mobile de Munari

Dès 3 semaines

C'est le premier mobile de la série
que l'on présente au bébé.
À la naissance, sa vue est un peu trouble,
mais il peut distinguer la lumière,
les formes et les mouvements ainsi
que des éléments très contrastés.
Placez ce mobile près de l'enfant – il ne peut pas
encore adapter sa vision à un objet situé loin
de lui –, en gardant une distance suffisante afin
qu'il ne puisse pas le toucher. Les éléments
du mobile, très légers, bougent lentement autour
de l'axe central, au gré des mouvements de l'air,
et captent l'attention du bébé.
Il va observer les contrastes, les formes,
les proportions, l'équilibre des éléments
avec beaucoup d'attention et s'en imprégner.

le matériel du bébé

Conçu par l'artiste italien Bruno Munari (1907-1998), ce mobile fait appel au sens inné d'ordre et de relations mathématiques que l'être humain possède dès le début de la vie. Bruno Munari a fait partie du mouvement Art concret, qui prône un art non figuratif, qui prend forme avec la couleur, l'espace, la lumière et le mouvement.
Il a créé de nombreuses sculptures aériennes mobiles et aussi des « prélivres » pour les tout-petits.

Confection du mobile de Munari
La taille des éléments peut varier, mais il est important de respecter les proportions données par le diamètre de la boule de verre que vous aurez choisie.

Matériel
- 1 boule transparente - idéalement en verre afin de mieux refléter la lumière
- 1 feuille blanche et 1 feuille noire de 180 g environ
- 1 baguette de bois de 5 mm de diamètre
- du fil, de la colle, des ciseaux, un compas, une règle, un crayon à papier

- 1 pinceau, du Scotch, de la peinture noire et blanche

**La base du calcul repose sur cette formule :
B = A (diamètre de la boule) + 1/3 rayon de A.**

Les mesures données ci-dessous correspondent à une boule transparente de 6 cm de diamètre.

Si A = 6 cm, alors B = 6 + 1 = 7 cm

Les 3 baguettes de bois sont à découper aux mesures suivantes :

6A = 36 cm, 5A = 30 cm et 3A = 18 cm.

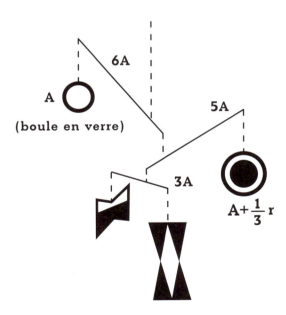

Et chacune des formes géométriques a les dimensions suivantes :

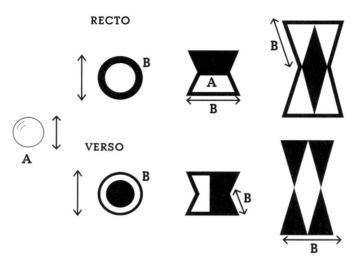

La peinture des baguettes

Peignez la baguette la plus longue en blanc, la moyenne en noir et la plus courte en gris ou, si vous vous en sentez capable, en spirale noir et blanc : pour cela, utilisez du Scotch que vous enroulerez autour de la baguette avant de passer une couche de peinture noire par-dessus la blanche.

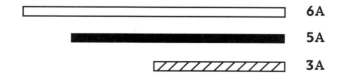

La longueur des fils auxquels sont suspendus les éléments est à calculer afin que ces derniers se trouvent agencés de la façon suivante :

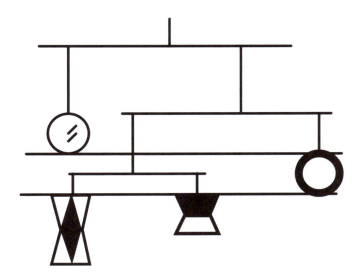

15
le mobile des octaèdres

À partir de 6 semaines

Le bébé voit les couleurs depuis sa naissance, mais il a des difficultés à distinguer des tons proches. Ce mobile, aux couleurs primaires vives, composé de formes géométriques en volume, apporte de nouvelles notions à explorer et à absorber. Le bébé va se concentrer en suivant des yeux les octaèdres qui tournent doucement.

Matériel

- des feuilles de papier mat ou brillant : bleu, jaune, rouge
- 1 baguette de 25 cm de longueur et de 7 mm de diamètre
- 1 bâton de colle et 1 règle métallique
- des ciseaux ou 1 cutter
- 1 bobine de fil

La longueur des fils auxquels sont suspendus les éléments est à calculer afin que ces derniers se trouvent agencés de la façon suivante :

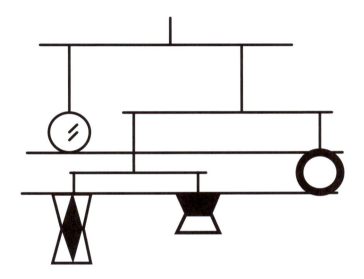

le matériel du bébé

15

le mobile des octaèdres

À partir de 6 semaines

Le bébé voit les couleurs depuis sa naissance, mais il a des difficultés à distinguer des tons proches. Ce mobile, aux couleurs primaires vives, composé de formes géométriques en volume, apporte de nouvelles notions à explorer et à absorber. Le bébé va se concentrer en suivant des yeux les octaèdres qui tournent doucement.

Matériel

- des feuilles de papier mat ou brillant : bleu, jaune, rouge
- 1 baguette de 25 cm de longueur et de 7 mm de diamètre
- 1 bâton de colle et 1 règle métallique
- des ciseaux ou 1 cutter
- 1 bobine de fil

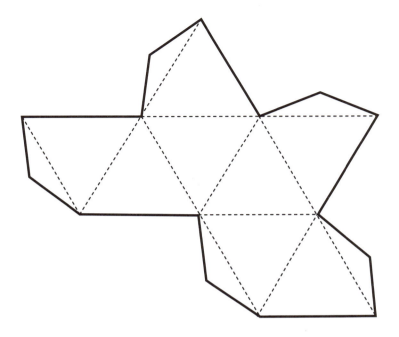

Fabrication

- Tracez trois octaèdres de même taille (cf. schéma). Chacun possède 8 faces triangulaires et 12 arêtes).
- Pliez bien chaque arête.
- Maintenez le fil avec du ruban adhésif avant de fermer l'octaèdre.
- Collez l'octaèdre.
- Placez les octaèdres sur la baguette à différentes hauteurs (cf. photo).

Variante

Vous pouvez aussi confectionner trois octaèdres de tailles différentes, avec une longueur d'arête de 4 cm, 4,5 cm et 5 cm. Placez-les sur la baguette à la même hauteur : le plus petit en jaune, le moyen en rouge et le plus gros en bleu. En effet, le bleu est la couleur la plus difficile à percevoir pour le bébé, alors que le jaune est la plus visible.

le matériel du bébé

16

le mobile de Gobbi

Vers 2-3 mois

Entre 2 et 4 mois, le bébé distingue de mieux en mieux les différentes couleurs et leurs nuances. Ce troisième mobile se compose d'une série de cinq boules d'une même couleur nuancée. Il est adapté aux nouvelles compétences du bébé et va lui permettre d'absorber de nouvelles notions : les variations subtiles de la couleur en dégradé et la profondeur de champ créée par le placement des boules de plus en plus haut. Chaque sphère du mobile est recouverte de fil à broder, qui reflète la lumière de manière subtile et harmonieuse. Les boules sont alignées et suivent un mouvement ascendant. Le léger balancement des boules est captivant et apaisant. Le bébé peut passer de longs moments,

le matériel du bébé

le regard fixé sur l'une des boules, en babillant et en y prenant visiblement beaucoup de plaisir. Ce mobile a été créé par Gianna Gobbi, une collaboratrice de Maria Montessori qui travaillait auprès des tout-petits.

Matériel

- 5 boules de polystyrène de 4 cm de diamètre
- 1 baguette de 5 à 8 mm de diamètre et de 26 cm de longueur
- 1 petit pot de peinture (de la couleur de la boule la plus foncée)
- 10 écheveaux de fil à broder DMC (2 écheveaux par nuance)

Fabrication

- Enroulez le fil à broder autour des boules afin de les recouvrir entièrement.
- Lorsque les boules sont bien recouvertes, faites une boucle et laissez du fil libre.
- Peignez la baguette.
- Suspendez les boules en enroulant le surplus de fil à broder autour de la baguette.

- Positionnez la boule la plus claire en haut. La plus foncée, qui est la plus difficile à voir, sera la plus proche de l'enfant.

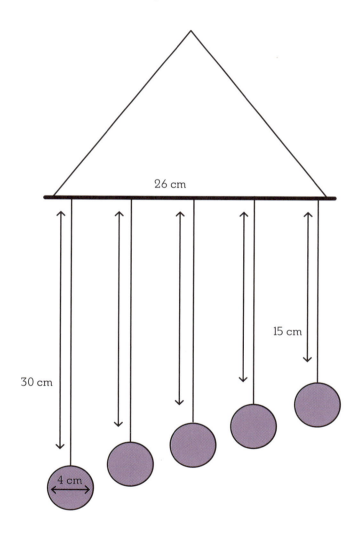

17

le mobile des danseurs

Vers 3-4 mois

Ce quatrième mobile est composé de quatre formes figuratives stylisées d'environ 17 cm de hauteur, en papier léger qui s'irise et renvoie la lumière. Chaque personnage est composé de trois parties qui bougent indépendamment les unes des autres, ce qui donne l'impression qu'il danse. Accrochez le mobile assez près du bébé de façon que, sans pouvoir le toucher, les mouvements de ses bras créent un déplacement d'air, qui fera bouger délicatement les danseurs de papier. Ce sera pour lui un exercice de concentration et de contrôle du mouvement volontaire de ses bras. Placez le mobile en hauteur au niveau de son bassin, afin qu'il ait une bonne position du dos lorsqu'il agite les bras.

le matériel du bébé

Matériel

- des feuilles de papier léger (métallisé ou holographique avec une couleur différente sur le recto et sur le verso)
- 3 baguettes de 25 cm, 30 cm et 35 cm de longueur, que vous pouvez peindre d'une même couleur.
- 1 bobine de fil
- des ciseaux et 1 crayon

Fabrication

- Découpez les modèles des quatre danseurs dans le papier bicolore en les agrandissant afin qu'ils mesurent environ 17 cm de hauteur.
- Suspendez deux danseurs sur la baguette de 25 cm et deux autres danseurs sur celle de 30 cm.
- Accrochez-les avec le fil à la baguette de 35 cm.
- Équilibrez le tout.

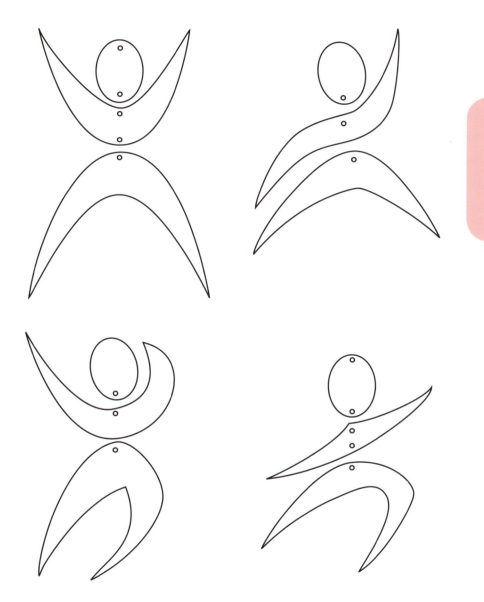

le matériel du bébé

18
les objets suspendus

À partir de 4 mois

À partir de 4 mois, le bébé va développer sa perception des reliefs et mieux appréhender la distance entre les objets et lui. Il va également mieux contrôler ses bras, ce qui va lui permettre d'attraper des objets, comme les cheveux ou les lunettes, avec plus de précision.
Lorsque le bébé commence à essayer d'attraper tout ce qui est à sa portée, il entre dans une nouvelle période sensible de découvertes : il explore la relation entre la vision et le toucher.
Proposez-lui des objets suspendus à attraper, en alternance avec des mobiles.
Pour attraper un objet, le bébé a besoin de se concentrer, son geste n'est pas rapide et il ne garde pas très longtemps en main ce qu'il a attrapé.
C'est pour ces raisons qu'il est utile d'accrocher

l'objet à un élastique. Il peut ainsi le saisir
puis le lâcher, viser et refaire une tentative
pour le saisir à nouveau.
Il est essentiel de bien choisir l'objet : il doit être
résistant, ne pas avoir d'aspérités, ne pas être
peint ou verni avec une substance chimique,
et être suffisamment grand pour ne pas
risquer d'être ingéré.
À ce stade, les mobiles que vous proposerez
en alternance avec les objets suspendus
peuvent provenir de magasins de jouets
« classiques ». Choisissez de préférence des figures
colorées, en bois ou en papier : des poissons,
des papillons, des oiseaux et autres créatures
que l'on peut observer dans la nature.
Il pourra suivre des yeux les poissons qui
nagent au-dessus de lui, puis il commencera
à lever les jambes pour essayer de les toucher
avec les pieds !

19
l'anneau

Le bébé va déployer une immense énergie pour coordonner ses mouvements de bras et de main afin d'attraper l'anneau et, à un moment grandiose, le porter à sa bouche !

- Choisissez un anneau de bois d'environ 8 cm de diamètre et de 1 cm d'épaisseur, adapté aux petites mains du bébé.
- Suspendez-le à un ruban solide, lui-même cousu à un élastique, pour donner de la souplesse.
- L'anneau doit être à portée du bras tendu de l'enfant. Vous pourrez le vernir en utilisant un vernis alimentaire écologique, sans risque pour l'enfant.

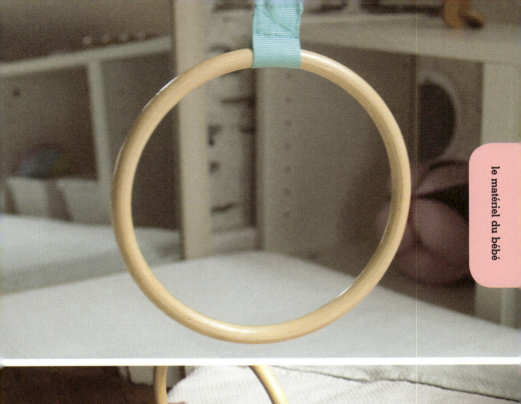

le matériel du bébé

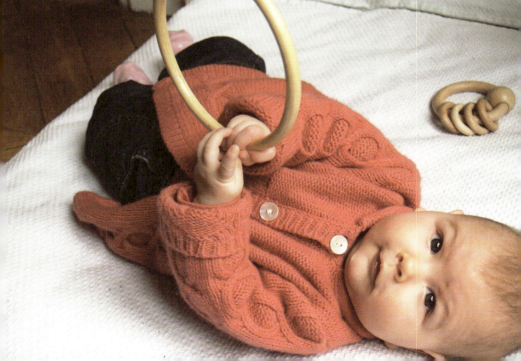

20

le grelot

Ce petit objet qui brille demande au bébé
plus de dextérité que l'anneau, ce qui implique
une forte concentration de sa part pour
être capable de le toucher.
- Fixez solidement un grelot d'environ
  4 cm de diamètre à un gros ruban
  (du gros-grain, par exemple).
- Cousez le ruban à un ruban élastique
  pour donner de la souplesse.
- Fixez-le à portée du bras tendu de l'enfant.

Le grelot apporte une nouvelle notion, car le bébé
comprend que le son est lié à son geste :
il tinte lorsqu'il le touche, lorsqu'il a
atteint son but... ce qui lui apporte visiblement
beaucoup de plaisir.

le matériel du bébé

21

un hochet pour les pieds

À présent, le bébé bouge beaucoup les jambes,
attrape ses pieds, pédale...

Vous pouvez suspendre au-dessus de ses pieds
une grosse balle en tissu, qui contient un grelot.
Ce hochet pour les pieds lui permettra d'exercer
ses mouvements de jambes et de renforcer
ses muscles en pédalant et en tendant le pied
et la jambe pour l'atteindre.

Ces exercices favoriseront sa musculation
pour l'acquisition de la posture debout.

le matériel du bébé

Découvrir, parler, partager

Dès 4 mois, le bébé aime observer ses mobiles, ses mains, attraper un hochet, pédaler... Il aime aussi regarder son reflet dans le miroir, discuter avec les visages qui lui parlent, faire des sourires et observer la vie familiale.

Il est étonnant de voir à quel point s'est développé l'enfant auquel on a permis d'exercer les fonctions essentielles de son esprit (concentration) dans la paix et la liberté.

Maria Montessori, *L'Enfant dans la famille*

22
habillage

Communiquez et encouragez votre bébé
à l'autonomie dès les premiers jours
dans chaque activité que vous faites avec lui.
Choisissez des vêtements confortables,
qui s'enfilent facilement, et des matières
souples et naturelles.
Lorsque vous l'habillez, parlez-lui, décrivez
ce que vous faites et invitez-le à participer.
« Maintenant, nous allons mettre ton bras
dans la manche » ou « Pousse ton pied
dans la chaussette... »
Pour l'habiller, procédez en étapes distinctes,
dans le même ordre, avec des gestes lents pour
que l'enfant puisse suivre ce que vous faites.
Invitez-le à coopérer, dites-lui ce que vous attendez
de lui, avant même que vous imaginiez qu'il soit
capable de vous comprendre. Le bébé se montrera
bientôt très intéressé et actif.

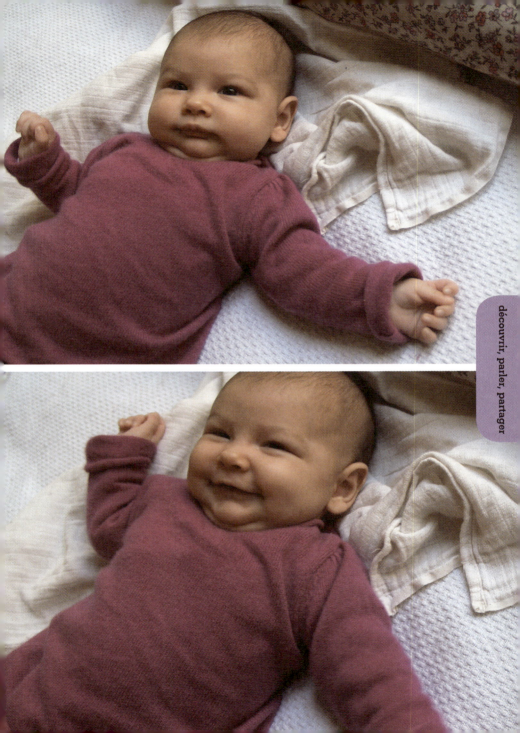

découvrir, parler, partager

23
découvrir de nouveaux goûts

À partir de 6 mois, vous pouvez proposer
à votre bébé de découvrir de nouveaux goûts :
jus de fruits, compotes sans sucres ajoutés et petites
purées. Choisissez de préférence des aliments
issus de l'agriculture biologique.
L'utilisation de la petite cuillère
se fait en trois étapes :
La cuillère à moka, la petite cuillère souple – très
appréciée par le tout-petit – et la petite cuillère rase
(le dessous est recouvert d'une matière agréable
au contact de la langue et le dessus est plat).
À chaque fois, ne mettez qu'une petite quantité
que l'enfant va déguster.

L'eau et les jus de fruits
À partir de 6 mois, vous pourrez proposer
à votre bébé de l'eau au cours du repas.

Au début, avec la petite cuillère, puis dans un petit verre. Mettez une toute petite quantité d'eau dans le verre. Quand le bébé réussit à bien tenir son petit verre et à boire seul, vous pouvez lui proposer un jus de fruit frais.

Les compotes et les purées

Au début, proposez des compotes et des purées très liquides et n'en mettez qu'une toute petite quantité sur le bout de la cuillère. Prévoyez une deuxième cuillère que vous donnez au bébé pour qu'il s'entraîne à la tenir et à la porter à sa bouche tout seul. Les repas sont des moments privilégiés pour parler à votre bébé des nouveaux aliments et des saveurs qu'il découvre. C'est aussi l'occasion d'encourager son autonomie.

24
explorer la maison

À partir de 6 mois, le bébé commence à ramper
et va partir explorer toute la maison.
Il est alors nécessaire de réfléchir à sa réorganisation.
Est-ce que vos rangements sont fonctionnels, logiques
et simples ? Le bébé va intégrer la notion d'ordre
en fonction de ce qu'il va découvrir : il doit pouvoir
explorer une maison ordonnée, sans danger.
La réorganisation de la maison est l'occasion
de mettre en pratique la règle suivante : « Une place
pour chaque chose et chaque chose à sa place. »
De bons rangements vous permettront de tout
remettre en ordre facilement et rapidement.

De la cave au grenier, vérifiez chaque meuble,
placard et tiroir, afin que le bébé ne risque pas
d'accéder à des objets dangereux.

découvrir, parler, partager

25
marcher à quatre pattes

Marcher à quatre pattes est une étape très importante qui développe les mouvements de flexion-extension de la nuque et de la tête. Ces mouvements assouplissent la colonne cervicale et favorisent l'adaptation visuelle. Des études ont montré que cette étape préparait l'enfant à la position de lecture, au déchiffrage aisé des lettres et des informations.
Le bébé doit faire beaucoup d'efforts pour tenter de se mettre à quatre pattes. Pour encourager cette phase, choisissez des habits confortables qui n'entravent pas ses mouvements, observez ses efforts et ses tentatives, avec bienveillance et sans intervenir. Votre bébé est content de voir que vous observez tout ce travail. Il vous lance des regards contents, de grands sourires et, grâce à votre soutien, il persévère.

découvrir, parler, partager

26

coucou caché

À partir de 5 mois, votre bébé aimera beaucoup anticiper les surprises. Voici un petit jeu d'échange entre vous et lui auquel il va vite prendre goût.

1. Mettez les mains devant votre visage.
2. Faites une mimique expressive comme un beau sourire.
3. Ouvrez les mains comme deux volets.
4. Refermez les volets.

Changez de mimique :
1. Fermez les yeux et ne souriez plus.
2. Ouvrez les volets.
3. Fermez les volets.

Changez de mimique :
1. Souriez et rouvrez les yeux.
2. Ouvrez les volets... et ainsi de suite. Au fil des jours, vous pouvez ajouter de nouvelles expressions.

27
cache-cache

Entre 6 et 9 mois, l'enfant a la capacité visuelle de repérer de petits objets et de les suivre du regard. On peut alors proposer le jeu de cache-cache, qui est une introduction à la notion de la permanence des objets.

découvrir, parler, partager

1. Choisissez un objet, par exemple un petit canard, posez-le au sol devant votre enfant, puis cachez une partie du canard avec un foulard. Accompagnez votre geste d'une exclamation de surprise : « Oh ! »
2. Attendez un instant, puis demandez à votre enfant : « Où est le canard ? »
3. Attendez quelques secondes, soulevez le foulard et dites : « Le voilà ! »
4. Recommencez en invitant votre enfant à retirer le foulard à son tour.
5. Recommencez avec d'autres objets. Au bout de quelque temps, refaites cette activité en recouvrant complètement l'objet.

découvrir, parler, partager

28 jeux de mains et de doigts

À partir de 6 mois

Les comptines accompagnées de jeux de mains et de mimes favorisent chez le bébé l'acquisition de nouveaux mots et de notions nouvelles liées à son corps et à l'espace.

Quelques comptines

Je dessine un visage
(vous faites le tour de son visage avec le doigt)
Je fais un nez
(vous touchez le bout de son nez)
Une bouche
(vous lui effleurez la bouche)
Et guili guili...
(vous le chatouillez tout doucement dans le cou).

*Mon index est un coquin
Quand il se balance de droite à gauche
c'est pour dire :
« Non non non non non non non non. »
Quand il va d'avant en arrière, c'est pour dire :
« Viens ici. »
Quand il pointe en avant, c'est pour dire :
« Va là-bas ! »
Mon index est un coquin.*

Petit escargot porte sur son dos
(montrez votre dos)
sa maisonnette
(faites un petit toit sur votre tête)
Aussitôt qu'il pleut
(mettez vos doigts en mouvement
signifiant la pluie qui tombe)
il est tout heureux
(faites un sourire)
Il sort sa tête
(soulevez l'index et le majeur de votre main droite
en posant votre main gauche par-dessus et faites bouger
les antennes de l'escargot).

découvrir, parler, partager

29
la musique

En voiture, ou pendant des moments calmes à la maison, lorsque vous cuisinez, au moment du bain, du coucher, d'un câlin, faites écouter à votre bébé des chansons et des comptines. C'est l'occasion de partager les chansons de votre enfance et d'en découvrir ensemble de nouvelles. Les paroles et les rythmes de la musique vont s'ancrer dans sa mémoire. Dès la naissance, la musique peut être un plaisir, et aussi une source de découvertes multiples : sons, rythmes, variations de la voix, mots nouveaux, rimes.

Vous pouvez mettre un lecteur de disques dans la chambre du bébé et lui faire écouter, doucement, de la musique classique et des comptines du monde entier. Privilégiez des interprétations avec peu d'instruments. Jusqu'à 2-3 mois, ne choisissez que trois disques aux rythmes bien différents.

découvrir, parler, partager

30
à la découverte des sons

Grattez un coussin, une table,
le tapis, un panier tressé...
Faites ceci devant votre enfant en lui disant :
« Écoute. » Puis proposez à l'enfant de « gratter »
à son tour. Il va découvrir différentes textures
produisant différentes sonorités. Ensuite
vous pourrez changer les rythmes et les intensités
pour obtenir une grande variété de sons.

Vous pouvez aussi lui proposer des objets
de la cuisine comme premières percussions :
casseroles et bols de différentes matières, sur
lesquels vous tapez avec une cuillère en bois
— une pour lui, une pour vous.

31
découvrir les livres

Montrez des livres à votre enfant dès son plus jeune âge. Son intérêt pour le livre va croître au fil des mois, et il va bientôt vouloir le tenir lui-même. Pour commencer, choisissez des livres solides et d'une taille adaptée à ses petites mains : des livres à toucher en tissu, en mousse, en carton puis en papier.
À un moment donné, un livre lui plaira plus que les autres, et c'est ce livre-là qu'il ira toujours chercher pour que vous le lui lisiez.
Bientôt, il aura envie d'en découvrir d'autres et choisira ceux qu'il vous demandera de lui lire. Plus tard encore, il lui arrivera de prendre un livre et de s'installer pour le regarder seul.

découvrir, parler, partager

À partir de 6 mois, le bébé va apprécier les livres
présentant des surprises.
Montrez-lui des livres en tissu ou en carton
dans lesquels on peut par exemple faire bouger
le personnage et le placer dans différentes actions
de la vie quotidienne : aller au bain,
le glisser sous les couvertures ...
Dans un premier temps, faites les manipulations
avec délicatesse vous-même. Puis proposez-lui
de manipuler et de faire évoluer le personnage
de page en page.

Tourner les pages
À partir de 9 mois

Montrez-lui comment tourner les pages. Pour cela,
choisissez un livre cartonné et accompagnez
le geste de l'enfant en posant votre main sur la sienne.
Lorsque vous lui lisez un livre, tournez les pages
doucement, l'enfant s'imprègne de vos gestes.

Un choix de trois livres

Entre 12 et 15 mois, le bébé commence à avoir la faculté de choisir. Ces petits choix sont en réalité de grands bonds vers l'indépendance et lui apportent le sentiment d'être sûr de lui. Proposez-lui un choix de trois livres : son livre préféré, un livre que vous lui avez déjà lu et un nouveau livre. Ainsi, il pourra faire un choix réfléchi et équilibré entre des livres qui lui sont familiers et une nouveauté.

découvrir, parler, partager

32
découvrir le langage

Les voix humaines qui s'expriment de manière paisible et sereine sont bien sûr la plus douce des musiques à ses oreilles. La nature lui offre ce moyen pour apprendre à parler.
Maria Montessori, *L'Enfant dans la famille.*

Le jeu des sons des animaux

À partir de 5-6 mois, nommez les animaux en peluche : la vache, l'ours, le chat, le chien... puis faites le cri de chaque animal : « Comment fait la vache ? » « Meuh... », etc.

À partir de 15 mois, vous pouvez vous procurer des figurines d'animaux de la ferme et un disque de leurs cris, afin d'associer les deux.

découvrir, parler, partager

Le jeu d'association des animaux

Proposez ce jeu à votre enfant
à partir de 14 mois environ.

1. Procurez-vous des figurines
d'animaux de la ferme.

2. Prenez en photo de vrais animaux
correspondant aux figurines, découpez-les
dans un magazine, ou dessinez-les.

3. Faites de ces illustrations ou photos
des cartes en les collant sur un jeu de cartes
ou sur des bristols.

4. Présentez à l'enfant trois figurines.

5. Puis présentez-lui les cartes de la même
manière en associant cartes et figurines.

6. Dissociez les cartes et les figurines.

7. Proposez-lui de faire lui-même les associations.

8. Refaites cette activité un autre jour, et ajoutez
trois animaux. Et ainsi de suite jusqu'à ce que
vous ayez nommé tous les animaux de votre ferme.

Le tout-petit a besoin...

... d'être compris

Soyez un observateur sensible pour comprendre ce que ressent votre enfant lorsqu'il fait une activité.

En faisant tomber le hochet et en le redemandant aussitôt, on aurait dit que la petite fille poursuivait un but...
Faisant preuve de sagesse, la mère se limitait à ramasser le hochet et à le lui rendre patiemment.
De cette manière, elle prenait part à l'activité de sa fille et comprenait l'importance qu'avait pour elle la répétition de l'exercice.
Maria Montessori, L'Enfant dans la famille.

... que vous répondiez à ses périodes sensibles

L'enfant fait ses acquisitions pendant les périodes sensibles. Celles-ci pourraient se comparer à un phare qui éclaire la nature intérieure ou à un courant électrique qui produit des phénomènes actifs. C'est cette sensibilité

qui permet à l'enfant de se mettre en rapport avec le monde extérieur d'une façon exceptionnellement intense ; tout est facile, alors ; tout est pour lui enthousiasme et vie.
Maria Montessori, *L'Enfant dans la famille.*

... d'être respecté

Adressez-vous à lui gentiment et n'agissez pas à sa place quand vous le savez capable de faire par lui-même.

... de sécurité

Le bébé a besoin de sécurité affective et de sécurité matérielle qui rende possibles ses explorations. Mettez hors de portée ce qui ne doit pas être touché et cachez ce qui peut le tenter et qu'il ne peut pas obtenir, comme les bonbons.

... de répéter plusieurs fois la même activité

L'enfant éprouve le besoin de faire plusieurs fois la même activité. Cette répétition lui permet de la comprendre et d'accéder à une intense concentration. Laissez-le faire, défaire et refaire jusqu'à ce qu'il soit satisfait et comblé.

... d'ordre

Une des périodes sensibles les plus importantes et les plus mystérieuses est celle qui rend le petit enfant sensible à l'ordre. Cette manifestation se produit dès la première année de sa vie et se prolonge dans la deuxième.
Maria Montessori, L'Enfant dans la famille.

Prévoyez un rangement pour chaque objet.

découvrir, parler, partager

La main et le cerveau

En lui proposant un matériel répondant à ses envies d'exploration sensorielle, vous aiderez votre bébé à se concentrer, à approfondir ses connaissances et à développer ses compétences.

L'attention a besoin, pour se concentrer, de stimulations progressives. Au début, ce sont les objets facilement reconnaissables par les sens qui intéressent les petits : des cylindres de différentes tailles, des couleurs à ordonner selon les nuances, des sons à distinguer les uns des autres, des surfaces plus ou moins rugueuses à reconnaître au toucher... et ainsi se construiront les connaissances de l'enfant.

Maria Montessori, *L'Enfant dans la famille*

33
les hochets

Vers 4-5 mois, le bébé peut tenir dans
ses mains un objet sans qu'il soit suspendu.
En manipulant un hochet, il va développer
petit à petit une coordination entre son œil,
sa main et son oreille.
Il va découvrir que la sensation qu'il ressent
dans sa main correspond à la forme
qu'il voit et percevoir que le mouvement
qu'il fait avec son hochet crée un son, tantôt fort,
tantôt doux, selon la force de ce mouvement.
Le bébé va aussi développer la coordination
de ses deux mains qui vont coopérer l'une
avec l'autre et de ses doigts, qui lui permettent
de saisir et de lâcher. Puis vient
la coordination du pouce en opposition
avec les autres doigts, qui lui permet
de tenir des objets plus petits
dans sa main.

Choisir ses hochets

Procurez-lui une sélection de hochets
qui lui apporteront différentes informations :
ses mains vont lui transmettre différentes formes,
différentes textures, différentes températures,
différents poids et diverses couleurs.

- **Les formes** : rondes, cubiques, triangulaires, ovales.
- **Les matières** : choisissez des matières naturelles – bois, résine (ambre), métal, terre cuite, tissu, cuir.
- **Les températures** : variables selon le matériau. Le bois est plus chaud que le métal.
- **Les poids** : le bébé pourra constater que certains hochets sont plus lourds que d'autres, parfois en fonction de leur taille, parfois en fonction de leur matière.
- **Les couleurs** : couleurs primaires, couleurs secondaires, dégradés d'une même couleur. Dans un premier temps, présentez les hochets au bébé un par un.

Puis laissez près de lui deux petits hochets légers,
faciles à manipuler, à attraper, à secouer,
afin qu'il les observe, les attrape, les lâche,
leur parle... et les goûte.

La rotation

Renouvelez les hochets régulièrement.
Ne donnez pas au bébé trop de choses à voir
et à toucher en même temps. Lorsque son intérêt
pour ces objets commence à baisser et qu'il ne
se concentre plus en les observant, il faut
lui présenter autre chose.
Deux semaines ou un mois plus tard, vous pourrez
lui présenter à nouveau les premiers hochets :
il les regardera sous un angle différent.
L'enfant découvre différemment l'objet et en a
une connaissance plus profonde à chaque fois,
en fonction de ses nouvelles acquisitions.

la main et le cerveau

34

le hochet à deux disques

À 6 mois, le bébé observe et apprécie des objets en les passant de la main droite à la main gauche. Ce transfert lui procure une perception différente du même objet tout en développant le côté droit et le côté gauche de son cerveau.
Vous pouvez lui proposer ce hochet composé de deux disques en bois, qui favorise le passage d'une main à l'autre.

la main et le cerveau

35

les paniers

Le bébé de 5-6 mois découvre les propriétés
des objets grâce à ses mains. Ainsi, présentez-lui
des objets avec des qualités sensorielles variées.
Placez ces objets dans des petits paniers (d'environ
8 cm de hauteur et 15-20 cm de longueur)
afin qu'ils soient faciles à attraper.
Placez dans chaque panier deux ou trois objets
que votre enfant aime bien, par exemple un hochet
tactile, une balle, une clochette. Un choix limité
d'objets implique la répétition du même
geste et donc sa maîtrise.
Tant que l'enfant ne se met pas seul
en position assise, ne l'y placez pas vous-même :
il peut explorer les objets d'un panier en étant
allongé sur le ventre. Il va sortir les objets
du petit panier, les manipuler et, éventuellement,
les y remettre. Ces mouvements vont
aider à la coordination de la main.

Avant que le bébé ne se déplace seul, placez le panier près de lui et laissez-le l'explorer comme il le souhaite.
Lorsque le bébé semble se lasser, changez le contenu du panier.

la main et le cerveau

36
l'exploration

Dès 4 mois, le bébé peut réussir à changer de position. Alors qu'il était allongé sur le dos, il peut se retrouver sur le ventre en essayant d'attraper un hochet. Il vous regarde alors, mi-surpris, mi-triomphant, le sourire rayonnant, fier de sa réussite.

Cette première victoire va l'encourager à renouveler l'exploit, même s'il lui arrive de connaître quelques difficultés : avoir le bras coincé sous son corps et ne pas pouvoir terminer son mouvement. C'est un petit incident classique qui risque de le faire râler... Lorsque l'énervement devient trop fort, approchez-vous, parlez-lui, montrez-lui un hochet, il se calmera et reprendra son entraînement.

Vers 6 mois, lorsque le bébé commence à se déplacer, il avance sur le ventre en glissant,

en roulant, puis en rampant. Tous les moyens
sont bons pour partir à l'aventure !
De son petit matelas il va bientôt partir explorer
tout son environnement : la lumière, les objets,
les matières l'intéressent et captent son attention.
Il passe de longs moments au sol à toucher,
observer, gratter, goûter, attraper et relâcher.
Ce début d'indépendance est
une conquête qui le ravit.
Rangez quelques paniers contenant trois ou quatre
objets sur l'étagère basse de sa chambre.
Cela l'encouragera à se déplacer pour les attraper.
Il va peu à peu comprendre qu'il peut contrôler
et transformer son environnement par ses actions.
La possibilité d'aller vers ce qui l'attire, associée
à sa capacité d'agir sur les choses,
va favoriser sa confiance en lui.

la main et le cerveau

37

les paniers d'objets du quotidien

À partir de 9 mois

Maintenant qu'il se déplace bien, le bébé arrive à un nouveau stade de développement : il a envie de manipuler tous les objets de son environnement. Placez dans ses petits paniers des objets de la maison — ceux qu'il vous voit utiliser et manipuler tous les jours et qu'il peut explorer sans danger. Nommez devant lui ces objets : une passoire, une cuillère, un coquetier, une éponge... Renouvelez régulièrement le contenu des paniers. Son intérêt pour les objets va l'encourager à agir.

la main et le cerveau

38

les objets classés par thème

À partir de 9 mois

Classer des objets par catégorie va aider l'enfant à comprendre que certains s'utilisent dans un même endroit ou sont complémentaires dans leur usage.

Dans un premier panier, réunissez, par exemple, des ustensiles de cuisine : une cuillère, une louche, une spatule, un petit pot de confiture, une petite assiette, une petite casserole...

Un autre panier peut contenir des objets liés à la toilette : une petite serviette, un flacon vide, le canard du bain...

Un autre réunira des objets que l'on trouve dans le jardin...

Posez un ou deux paniers sur l'étagère basse de la chambre de votre enfant. Il pourra rester un bon moment à observer et à manipuler leur contenu.

Lorsque vous voyez qu'il s'est familiarisé avec les objets, vous pouvez vous asseoir près de lui et lui montrer chaque objet en le nommant. Renouvelez les contenus des paniers pour relancer son intérêt et sa curiosité.

la main et le cerveau

39
petits coussins tactiles

Proposez à l'enfant d'explorer les sensations que procurent différents textiles.
Choisissez une grande variété de tissus : de la toile à beurre, du tulle, de la soie, du satin, du coton, de la laine, de la feutrine, de la toile de jute...
Choisissez de préférence des étoffes de la même couleur et découpez des carrés de même taille afin d'isoler une seule propriété : le toucher.
Rangez ces tissus dans une boîte et proposez à l'enfant de les explorer un par un pour découvrir avec vous les différentes matières.
Vous pouvez aussi coudre des petits coussins avec ces différents tissus et les ranger dans une boîte ou un sac.
Plus tard, vous pourrez utiliser ce matériel pour développer le langage, en associant un mot à chaque qualité tactile : doux, lisse, rugueux...

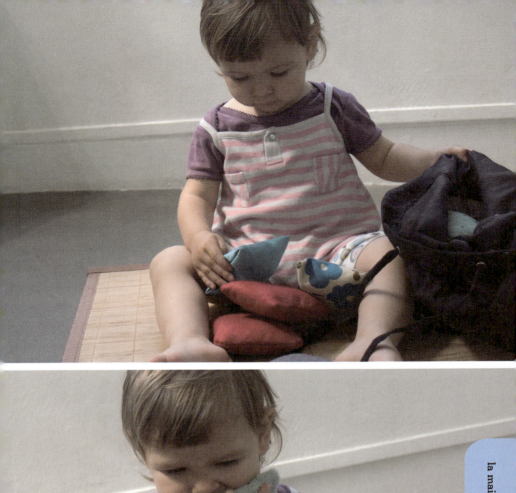

la main et le cerveau

40
un tapis pour les activités

La pédagogie de Maria Montessori préconise de mettre à disposition de l'enfant un tapis pour délimiter son espace d'activités.
Même si le sol de sa chambre est recouvert de moquette, prévoyez un tapis d'une dimension d'environ 90 x 120 cm, dédié spécialement aux activités, que vous roulerez et rangerez dans un coin de la chambre une fois l'activité terminée. Lorsque l'enfant sera plus grand, il ira le chercher et le déroulera seul avant de commencer son activité.
Ce tapis lui permettra de délimiter son espace, celui dans lequel il va organiser son activité.
Cela va l'aider à se concentrer et à mieux percevoir la notion d'espace en général.
Il se sentira à la fois indépendant et en sécurité même lorsqu'il y aura d'autres enfants
ou des adultes autour de lui. Cela lui permettra aussi de laisser un jeu en cours, s'il le souhaite, pendant un temps.

la main et le cerveau

# 41

les boîtes

Ces boîtes, appelées « boîtes de notion de permanence de l'objet », aident le bébé à développer sa coordination œil-main et lui font prendre conscience de la permanence d'un objet. Elles lui font expérimenter la relation de cause à effet d'une action simple, et pratiquer des mouvements guidés par l'intellect.
Si vous êtes habile en menuiserie et bien équipé en matériel de découpe, vous pouvez fabriquer ce matériel, mais il doit être très bien fait pour que le tiroir s'ouvre facilement et que les emboîtements soient parfaitement dessinés.
Sinon, ces boîtes « officielles », fabriquées par la société Nienhuis Montessori, sont distribuées en France par Oppa.
Vous pouvez également vous procurer une seule boîte « évolutive » avec sept couvercles différents

et quatre formes géométriques : sphère, cube, prisme rectangulaire et triangulaire.
Elle est munie d'un tiroir que l'on peut laisser en place ou enlever.
Cette boîte évolutive, moins coûteuse, permet de faire la plupart des activités. Elle est en vente sur le site www.absorbentminds.co.uk.

42

la boîte à forme unique

Activité 1

À partir de 6 mois

Le bébé peut faire cette activité, même s'il ne se met pas encore assis.
Utilisez la boîte avec le couvercle à forme unique circulaire et la boule, sans le tiroir.

1. Posez la boîte et la boule sur le tapis d'activités.
2. Prenez la boule en faisant le geste au ralenti, faites-la tomber dans le trou unique sur le dessus de la boîte. Dites : « Hop ! » au moment où vous lâchez la boule.
3. La boule descend et réapparaît en roulant sur le tapis, dites : « Oh ! la voilà ! »
4. Faites des gestes précis et lents sans ajouter d'autres paroles.

Le bébé va observer et comprendre qu'il peut lui aussi agir sur la boule.

la main et le cerveau

Activité 2

Une fois que le bébé a compris la première étape, laissez passer un peu de temps.
Pour cette deuxième activité, il est nécessaire qu'il sache se mettre assis seul.

1. Présentez-lui de nouveau la boîte avec le couvercle à forme unique circulaire, et cette fois, mettez le tiroir en place.

2. Posez la boîte sur le tapis avec son tiroir fermé.

3. Montrez-lui doucement comment ouvrir le tiroir.

4. Laissez le matériel à disposition du bébé afin qu'il puisse le faire en son temps, lorsqu'il en aura envie et lorsqu'il sera prêt.

Une fois que le bébé sait ouvrir le tiroir tout seul :

1. Posez la boîte sur le tapis, devant votre bébé assis, avec le tiroir entrouvert.

2. Asseyez-vous derrière lui, afin de ne pas le déconcentrer.
3. Prenez la boule, posez-la à côté de la boîte. Mettez-la dans le trou du couvercle, dites : « Hop ! » et laissez-la descendre dans le tiroir entrouvert.
4. Posez la question : « Où est la balle ? » et laissez-le ouvrir le tiroir.
5. Reprenez la boule, posez-la à côté de la boîte et rouvrez un peu le tiroir.
Laissez le bébé faire et assimiler cette étape à son rythme.
À l'étape suivante, vous pourrez fermer complètement le tiroir.

Ce jeu est une autre façon d'expérimenter la permanence de l'objet. L'enfant comprend que la boule est encore là, même s'il ne la voit plus.

la main et le cerveau

43

les formes géométriques

Activité 3

Dans cette activité, l'enfant va introduire des objets dans les trous correspondant à leurs formes.

1. Posez la boîte sur le tapis près de l'enfant assis.

2. Proposez-lui une seule forme géométrique à la fois, avec le couvercle correspondant, et le tiroir. L'intérêt est d'isoler la difficulté.

3. Avec une seule forme par boîte, l'enfant a envie d'agir et ne se décourage pas devant la difficulté.

4. Commencez par la boule, puis le cube, puis le prisme triangulaire et enfin le parallélépipède.

Activité 4

Choisir parmi plusieurs formes

Une fois que le bébé a assimilé l'étape précédente, vous pouvez lui proposer, lorsque vous le sentez prêt, l'étape suivante qui va solliciter son aptitude à choisir.

1. Sur le tapis, présentez-lui la boîte avec le couvercle à deux formes géométriques et posez à côté les deux formes correspondantes : la boule et le cube.

2. Prenez la boule, mettez-la au-dessus de la forme ronde, lâchez-la en disant : « Hop ! » Prenez le cube et faites de même, toujours doucement.

3. Demandez à l'enfant : « Où sont-ils ? »

4. Laissez-le ouvrir le tiroir.

5. Sortez les formes du tiroir et replacez-les à la même place que précédemment, à côté de la boîte.

Laissez le bébé explorer le matériel et faire cette manipulation à son rythme. Observez-le sans intervenir afin de ne pas perturber sa concentration.

la main et le cerveau

S'il n'est pas prêt, il jettera les formes géométriques dans la pièce. Cela signifie seulement qu'il faut attendre encore un peu avant de lui représenter ce matériel. Rien ne presse.
Si c'est le cas, proposez-lui à nouveau la boîte avec un couvercle unique et une forme unique.
Lorsque le bébé aura assimilé cette étape, vous pourrez lui reproposer la boîte avec le couvercle à deux encastrements.
Un autre jour, présentez-lui le couvercle à trois formes en lui montrant les formes correspondantes, puis, un autre jour encore, les quatre formes.

la main et le cerveau

44

la balle en tricot

Activité 5

Cette activité permet au bébé d'exercer sa main à pousser sur un objet qui résiste un peu et de développer sa coordination œil-main. Fabriquez une balle en tricot de la taille du trou circulaire du premier couvercle de la boîte. Pour cela, vous pouvez remplir de mousse une chaussette en maille fine que vous couperez et coudrez en forme de balle. La balle doit être molle et suffisamment ferme pour que l'enfant ait besoin d'un petit peu de force pour la pousser et la faire entrer dans le trou.

la main et le cerveau

45
la tirelire

Activité 6

Lorsque votre enfant a 15 mois environ, vous pouvez lui présenter une boîte avec un couvercle doté d'une fente, comme une tirelire, et des jetons. Ce couvercle est facile à réaliser avec du carton épais ou même en bois, si vous êtes bricoleur. Pour les jetons, vous pouvez utiliser les pions d'un jeu, ou en acheter dans un magasin de loisirs créatifs.

1. Sur le petit tapis d'activités, posez, pour commencer, les jetons et laissez votre enfant les découvrir. Puis posez la boîte à côté des jetons.

2. Prenez un jeton en le tenant bien par la tranche et glissez-le dans la fente du couvercle : « Oh ! »

3. Glissez-en un deuxième de la même façon, puis un autre et demandez : « Où sont-ils ? »

la main et le cerveau

4. Ouvrez la boîte, sortez les jetons, posez-les sur le tapis. Laissez l'enfant explorer cette activité à son tour. Il découvrira ainsi, sans en avoir encore conscience, que l'on peut mettre une forme aux bords arrondis dans une fente rectangulaire, c'est une découverte sensorielle que son esprit va absorber. Par ailleurs, cette activité entraîne sa main à tenir les jetons de façon précise avec le pouce et les doigts, en réalisant une pince, et renforce sa compréhension de la permanence des objets. Son attention et sa volonté sont mobilisées sur une tâche répétitive qui favorise la coordination œil-main.

46
l'œuf et le coquetier

Vers 8 ou 9 mois, proposez à votre enfant
le matériel du coquetier et de l'œuf en bois.
L'enfant va exercer les muscles de ses mains
ainsi que sa coordination en mettant un œuf
en bois dans son coquetier, puis en le retirant.
Vous trouverez facilement des œufs et
des coquetiers en bois dans des magasins
de loisirs créatifs.
Lorsque l'enfant aura acquis cette étape,
remplacez l'œuf par une boule. Cette variante sera
un défi pour l'enfant, qui devra retourner
le coquetier pour sortir la boule.
Lorsque l'enfant aura acquis cette dernière étape,
proposez-lui le même jeu mais, cette fois, avec
une boîte carrée et un cube de taille adaptée.
Mettre le cube dans la boîte est encore plus
difficile, car il faut aligner les arêtes du cube
avec les bords de la boîte.

la main et le cerveau

Ne soyez pas pressé, laissez à votre enfant
tout le temps dont il a besoin pour
assimiler chaque étape.
Ces activités sollicitent la coordination œil-main et
lui donnent l'occasion d'utiliser ses deux mains en
même temps dans un but précis.
Présentez ce matériel sur le petit tapis d'activités,
en prenant soin de ne proposer à l'enfant
qu'une seule forme à la fois. Il peut réaliser cette
activité autant de fois qu'il le souhaite.

Lorsqu'il a terminé, rangez le matériel
en le laissant à sa disposition
sur l'étagère basse.

la main et le cerveau

47
enfiler

Vers 11-12 mois vous pouvez proposer
ce matériel à l'enfant.
Avant de le lui présenter, entraînez-vous à exécuter
au ralenti un à un les gestes successifs de l'activité.
Chaque geste doit être précis et harmonieux, car
l'enfant va « absorber » chacun de vos mouvements.
Ne vous attendez pas à ce qu'il reproduise
parfaitement chaque mouvement dès le début.
Dans un premier temps, le résultat importe peu,
c'est tout ce que l'enfant va comprendre
et construire lui-même qui compte.
C'est à force de répétitions et de concentration
que l'enfant affinera ses gestes, qui deviendront
plus ordonnés et plus précis.

Les cubes sur une tige verticale

1. Enlevez les cubes un à un et posez-les à côté.

2. Enfilez-les un par un en accompagnant

le mouvement d'un son : «Tic» quand vous le placez, «Oh!» quand il tombe.
3. Laissez l'enfant le faire à son tour.
4. Un peu plus tard, répétez ces mêmes gestes, sans faire les sons cette fois.

la main et le cerveau

Les disques sur une tige verticale

Présentez ce matériel de la même manière que le précédent, un autre jour.

Les disques sur une tige horizontale

Laissez passer un peu de temps avant de lui présenter ce nouveau matériel afin qu'il ait tiré tous les bénéfices souhaités du matériel précédent.
Il se présente de la même manière que les précédents.
Néanmoins, la tige étant horizontale, il n'est pas nécessaire de faire les petits sons qui accompagnent les mouvements.
Quand l'activité est terminée, rangez le matériel sur l'étagère basse afin que l'enfant puisse y accéder tout seul et refaire l'activité quand il le souhaitera.

la main et le cerveau

48
trier et enfiler

Présentez ces matériels de la même manière
que les précédents, sur le petit tapis.

Trois disques de couleurs et de tailles différentes sur une tige verticale

1. Enlevez un à un les disques de la tige
et posez-les à côté sur le petit tapis.
2. Faites-les glisser l'un après l'autre sur la tige
en commençant par le plus grand et en
accompagnant votre geste d'un tout petit son : « Tic. »
3. Laissez votre enfant le faire à son tour.
Ces différents disques lui apportent la notion de tri
par taille. Ce matériel est autocorrectif : l'enfant se
rendra compte par lui-même que, s'il ne voit plus
l'un des disques, c'est qu'un autre, plus grand,
est au-dessus et le cache. Il va alors falloir
qu'il réfléchisse pour refaire la pile autrement.
L'intérêt étant qu'il s'en rende compte tout seul.

Trois tiges verticales de trois couleurs différentes ayant chacune trois disques identiques

1. Ôtez les disques de chaque tige un à un, par couleur, et posez-les à côté sur le tapis.
2. Replacez-les un par un en commençant par la couleur que vous avez enlevée en premier.
3. Laissez votre enfant le faire à son tour.

Ce matériel apporte à l'enfant la notion de tri par couleur et celle de quantité en ajoutant à chaque fois une unité.

la main et le cerveau

49
quelques grains de café

Votre enfant sera très intéressé par les objets ou les aliments que vous utilisez tous les jours comme la boîte à café en grains.
En restant près de lui et en le surveillant, installez-le par terre avec la boîte.
Bientôt, il plongera sa main dans les grains et remuera ses petits doigts avec beaucoup de plaisir.
Vous pouvez aussi lui donner une autre boîte ou un petit saladier transparent afin qu'il transvase, remue et ramasse les grains de café.
Si l'enfant n'est pas dérangé, cette manipulation peut durer un long moment. Observez sa concentration. Elle peut être si intense qu'il ne pensera même pas à mettre les grains de café dans sa bouche.
Mais soyez prudent et restez près de lui.
Vous pouvez aussi lui proposer du riz, des haricots secs ou des lentilles.

la main et le cerveau

Ce que l'enfant peut faire

Vous l'observerez au fil des mois, les progrès du tout-petit sont immenses, ses gestes s'affinent, ses compétences se multiplient et se précisent.

Vers 7-8 mois, le bébé arrive à contrôler ses doigts.

Vers 8-9 mois, il peut coordonner ses mains, guidées par son cerveau.

Vers 9-10 mois, ses doigts et son pouce sont capables d'avoir une position de pince pour faire des mouvements précis.

Vers 1 an, l'enfant se met debout.

Vers 15 mois, il maîtrise la position debout. Ses mains sont libres et son cerveau est prêt à les rendre opérationnelles. Il s'est entraîné avec des objets qui l'ont aidé à développer ses fonctions. Le petit enfant de 15 mois va pouvoir mettre en application toutes les compétences qu'il a acquises dans les activités courantes de l'existence.

Associez l'enfant aux activités courantes

L'enfant de 15 mois a envie de faire les activités du quotidien à côté d'un adulte aimant.
Accompagnez-le pour qu'il puisse y participer, auprès de vous, à son niveau et à son rythme.
Il peut participer à la préparation du repas, essuyer et ranger un peu de vaisselle, vider la machine à laver, accrocher le linge, aider à le plier, s'occuper des plantes d'intérieur, jardiner...
ce que Maria Montessori a appelé les « activités de la vie pratique ».
Procurez à votre enfant du matériel adapté à sa taille et à sa force. Choisissez du matériel utile, joli et de qualité, qui lui donnera envie de s'en servir et d'être actif.

la main et le cerveau

Pourquoi proposer des exercices de vie pratique ?

Proposer à l'enfant de participer aux tâches de la vie quotidienne va lui permettre d'entrer dans une activité structurée, avec un but précis. Les manipulations et les gestes répétés vont l'aider à coordonner, à préciser et à affiner ses mouvements, tout en lui donnant confiance en lui.
Le but n'est pas d'obtenir un bon résultat. C'est l'exercice en soi qui compte, ce que l'enfant aura construit intérieurement en pratiquant et en répétant ces gestes.

L'ordinateur

Le clavier de l'ordinateur ou les tablettes tactiles ne sont pas des outils qui favorisent le perfectionnement du mouvement de la main et des doigts chez le petit enfant. Pour élever l'esprit de l'enfant, il faut choisir un environnement réel, en opposition à un monde virtuel. Le petit enfant exposé aux écrans, quels qu'ils soient, verra son attention et le développement de sa volonté d'agir altérés. Les applications virtuelles ne sont pas adaptées ni adaptables aux besoins du petit enfant qui se construit.

Une vie réelle se déroule à la maison des enfants où les tâches domestiques sont confiées aux petits ; ils s'en acquittent avec ardeur et dignité. [...] Tous les objets les invitent à agir, à accomplir un travail vrai, réel, facile à atteindre.
Maria Montessori, *Pédagogie scientifique.*

Créer une ambiance sereine et positive

Le petit enfant a besoin d'un environnement familial harmonieux et paisible pour se construire. C'est dans un climat d'amour et de respect que les tout-petits absorbent de façon inconsciente les règles de la famille. L'organisation de la maison est aussi un facteur déterminant pour favoriser son autonomie et stimuler sa concentration.

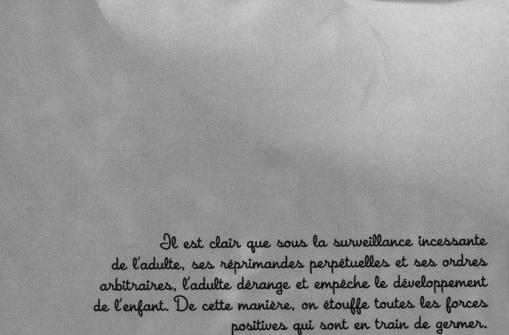

> Il est clair que sous la surveillance incessante de l'adulte, ses réprimandes perpétuelles et ses ordres arbitraires, l'adulte dérange et empêche le développement de l'enfant. De cette manière, on étouffe toutes les forces positives qui sont en train de germer.
>
> Maria Montessori, L'Enfant dans la famille

50
la politesse

Lorsque vous rencontrez ou recevez des amis,
grands ou petits, encouragez votre enfant
à les accueillir, à leur dire bonjour et au revoir.
C'est une bonne occasion de lui montrer
que c'est plaisant de dire et d'entendre des mots
agréables, pour les autres comme pour soi.
Montrez l'exemple : dès son plus jeune âge,
dites à votre enfant : bonjour, au revoir, s'il te plaît,
merci, excuse-moi, pardon... Parlez-lui avec
un sourire, sur un ton doux et calme. Il aura plaisir
à s'adresser à vous et aux autres
de la même manière.

S'entraîner à dire merci

Quand votre petit enfant vous tend un objet, prenez-le avec un petit air surpris et content, appréciez l'objet en le regardant et dites-lui doucement et clairement : « Merci. » Vous pouvez à votre tour lui tendre un objet et, lorsqu'il l'a pris, l'inviter doucement, sans insister, à dire merci. Cela fera son chemin. Vous pouvez répéter ce petit rituel à différents moments lorsque vous êtes tous les deux. Se dire merci est un moment très agréable et privilégié à partager.

une ambiance sereine

51
le petit coussin de réflexion

Faites preuve d'autorité positive, sans punition ni récompense, en expliquant à l'enfant qu'il existe des règles à la maison et qu'il doit les respecter. Cela l'aidera à développer une bonne estime de soi et lui apprendra le respect des autres.

Le principe du petit coussin de réflexion

Lorsque le petit enfant a transgressé l'une des règles de la maison :
- Expliquez-lui la règle fermement, mais sans vous fâcher. Par exemple : « Tirer sur la queue du chat le fait souffrir, alors on ne le fait pas. C'est important de respecter les animaux. »
- Puis demandez-lui de s'asseoir sur un petit coussin prévu à cet effet afin qu'il puisse réfléchir à son acte.

- Après un petit moment, allez le retrouver et proposez-lui de s'excuser en allant avec lui voir le chat.
- Pour finir, faites-lui un câlin pour qu'il comprenne que l'incident est clos et que vous n'êtes pas fâché.

En cas de transgression d'une règle, ayez recours à la parole, calme et ferme. Bannissez la fessée – même légère – ou la tape sur la main ou le bras. Ces gestes affectent fortement l'estime de soi de l'enfant et le conduiront à taper plutôt qu'à discuter en cas de dispute ou de désaccord avec d'autres enfants, dès qu'il en aura l'occasion. Ce que l'on souhaite, c'est établir une atmosphère de paix et de réflexion, que l'enfant soit soucieux de respecter les règles, qu'il établisse des liens d'entraide vis-à-vis des autres et qu'il soit capable d'empathie.

Il est important de préparer l'enfant à être sociable, et cela commence à la maison.
Lorsque l'enfant a bien agi ou a fait un bon travail, formulez-le en lui disant, par exemple : « C'est un beau travail que tu as fait, tu dois être content de toi. » Mais ne lui offrez pas de récompense. Pour Maria Montessori, la récompense est ailleurs. Lorsqu'un enfant est concentré dans une activité, il connaît un moment de félicité et de bonheur. Voilà sa récompense.

La récompense qu'il ambitionne le plus consiste justement en cet effort-là.
Maria Montessori, L'Enfant dans la famille.

une ambiance sereine

52

face aux colères

Faire une colère est fréquent chez les tout-petits, car c'est un excellent moyen de se faire entendre. Cherchez à identifier l'origine de la colère : est-ce que votre enfant a faim ? Est-il fatigué ou malade ? A t-il mal quelque part ou trop chaud ? Y a-t-il trop de bruit autour de lui ?
Essayez de le soulager et adoptez une attitude calme, douce et compréhensive pour le rassurer et le réconforter.
En grandissant, votre petit va aussi forcément tester vos limites – et souvent au moment le moins opportun. Ce qu'il souhaite à ce moment-là, c'est que vous lui prêtiez attention et que vous l'écoutiez. Alors faites-le.

Quelques conseils pour éviter les colères

- Évitez les endroits qui suscitent la fatigue et l'excitation : le supermarché par exemple.

- Annoncez-lui à l'avance ce que vous allez faire ensemble et ne le modifiez pas en cours de route.
- Posez les limites de ce que vous acceptez ou n'acceptez pas. Par exemple, expliquez-lui ce que vous allez acheter et ce que vous n'avez pas l'intention d'acheter. Surtout, ne cédez pas une fois sur place.
- Prenez le temps nécessaire pour faire les choses sans stress ni précipitation.
- Mettez en place des rituels agréables et apaisants, comme lire un livre ensemble, toujours à la même heure, avant que votre enfant ne soit trop fatigué.
- Faites preuve de fermeté, en douceur : oui c'est oui, non c'est non, et ne revenez pas dessus.

Lorsque la colère éclate

- Restez calme, n'ayez recours ni à la force ni à la violence.
- Ne le menacez pas, ne le ridiculisez pas.
- Emmenez-le calmement à l'écart.
- Isolez-le un instant – par exemple dans sa chambre – le temps qu'il réfléchisse et qu'il se calme. Lorsqu'il est calmé, demandez-lui doucement si ça va mieux, et faites-lui un câlin.

53

participer aux activités du quotidien

À partir de 15 mois, quand il se sentira prêt, votre enfant pourra participer aux activités de la vie quotidienne sans perdre de vue que le but n'est pas qu'il exécute des tâches ménagères, mais qu'il y prenne plaisir tout en apprenant « à faire seul », à vos côtés. Un enfant heureux de vivre est un enfant qui se construit bien.

Les activités auxquelles le petit enfant peut participer

- Passer l'éponge sur la table.
- Essuyer la table.
- Mettre quelque chose à la corbeille.
- Porter un verre.
- Aider à ranger les courses.
- Aider à arroser les plantes.
- Aider à faire une tarte aux fruits.

une ambiance sereine

54
rassembler et ramasser

1ʳᵉ étape : à partir de 1 an

L'enfant aime faire ce que fait l'adulte et souhaite l'imiter. Cette activité est une première étape vers l'activité du balayage.

- Nouez un foulard en rond et posez-le au sol.
- Lancez des petites balles de papier froissé au sol et dites à l'enfant qu'on va les rassembler.
- Ramassez et rassemblez les balles et mettez-les au milieu du foulard.
- Lancez à nouveau les petites balles au sol et proposez à l'enfant de les rassembler à son tour.

2ᵉ étape : vers 14 mois

- Tracez un cercle à la craie au sol puis faites tomber quelques pois chiches par terre.
- Rassemblez-les au milieu du cercle.
- Recommencez et proposez à l'enfant de les rassembler à son tour.

Cette activité développe la concentration, la coordination visuelle main-œil, aide l'enfant à s'organiser dans l'espace et prépare le terrain pour l'activité balayage, que l'enfant fera à partir de 3 ans.

55
adapter la maison à l'enfant

Il faut seconder, autant que faire se peut, le désir d'activité de l'enfant ; non pas le servir, mais l'éduquer à l'indépendance.
Maria Montessori, *L'Enfant dans la famille.*

Un environnement bien organisé et adapté à l'enfant l'aide à être autonome et acteur de son environnement.
Le message de l'enfant à l'adulte est le suivant :
« Aide-moi à faire seul. »
Aménager certains endroits dans la maison en fonction de sa taille et de ses capacités est une façon de répondre à cette demande d'autonomie.

Dans l'entrée

Mettez un petit banc ou une petite chaise qui permettra à l'enfant d'enlever ses chaussures

une ambiance sereine

et prévoyez un portemanteau à sa hauteur.
Éventuellement, vous pouvez aussi mettre
une étagère pour ranger ses chaussures
et un panier pour déposer ses accessoires.

Au salon

Installez une étagère basse sur laquelle l'enfant
pourra prendre et ranger ses livres facilement.
Prévoyez aussi un coin confortable pour partager
ensemble des temps de lecture.

56

pour se laver

Dans la salle de bains

Dès que l'enfant marche bien, vous pouvez lui montrer comment se laver les mains, les dents, se débarbouiller et se coiffer. Au début, faites-le avec lui, bientôt il souhaitera le faire seul.
Pour cela, un bidet est particulièrement pratique. À défaut, posez une bassine émaillée sur un petit meuble bas. Mettez à sa disposition du savon et accrochez à sa hauteur un gant de toilette pour se laver le visage et une petite serviette.
Prévoyez également une étagère à sa hauteur ou une petite table sur laquelle il rangera sa brosse à dents, son peigne et sa brosse à cheveux ainsi que son dentifrice et son gobelet, et accrochez un petit miroir au mur à la bonne hauteur.

une ambiance sereine

57

pour manger

Le coin repas

Vous pouvez prévoir à la cuisine un coin repas adapté à la taille de l'enfant pour l'encourager à manger tout seul, et pour qu'il puisse plus tard mettre et débarrasser son couvert.

- Installez une petite table et une chaise basse.
- Réservez un tiroir ou une étagère à la hauteur de l'enfant avec ses couverts, sa vaisselle et son set de table.
- Sur le set de table, dessinez l'emplacement du verre, des couverts et de l'assiette pour l'aider à disposer correctement les ustensiles. Prévoyez aussi une petite carafe d'eau.

une ambiance sereine

La vaisselle

La pédagogie Montessori préconise de proposer à l'enfant une vaisselle en verre ou en céramique afin de l'encourager à préciser son geste, à exécuter des mouvements mesurés et à faire attention.
Cela signifie aussi que l'enfant va inévitablement casser un peu de vaisselle. Il est important d'accepter calmement les incidents.
L'enfant va vite apprendre à faire attention et à éviter les gestes brusques et précipités, ce dont il n'a pas conscience lorsqu'on ne lui propose que des récipients incassables.
Si vous craignez qu'il y ait trop de casse, vous pouvez néanmoins prévoir des assiettes en bois ou en émail.

- Procurez-vous des bols, des tasses ou des verres de petite taille et en verre transparent, pour aider l'enfant à faire la connexion entre ce qu'il voit et ce qu'il goûte.
- Prévoyez des petits couverts – dont deux cuillères à moka, ou souples, ou rases –, un petit napperon et un bavoir avec un Velcro qui se défait devant sur l'épaule, ce qui permettra à l'enfant de l'enlever seul à la fin du repas.
- Enfin, pensez à avoir à disposition une petite éponge sur la table pour nettoyer au fur et à mesure. Cela permet de dédramatiser les incidents fréquents dans les premiers temps et de lui montrer comment on passe l'éponge, ce qu'il fera bientôt lui-même.

58
l'aider à manger seul

Préparez le repas à l'avance afin d'être disponible pour votre enfant lorsqu'il sera à table. Mangez avant ou après lui, mais ne grignotez pas debout à côté de lui : il aura envie de faire pareil et vous aurez du mal à le convaincre de rester assis.

À partir de 6 mois, proposez de l'eau au cours du repas : au début, quelques gouttes dans une petite cuillère, puis rapidement vous pourrez utiliser un petit verre. Gardez près de vous une petite carafe pour ne mettre qu'une petite quantité d'eau dans le verre à chaque fois. Au début, proposez-lui de la nourriture presque liquide, et n'en mettez qu'une toute petite quantité sur le bout de la cuillère. Le bébé aura besoin que vous lui mettiez la nourriture sur la cuillère, puis dans sa bouche, mais laissez-le avoir une cuillère à lui, cela l'entraînera à la tenir seul et, à un moment donné, il arrivera à la porter jusqu'à sa bouche.

une ambiance sereine

Vers 8-10 mois, il peut commencer à prendre des petits morceaux avec les doigts.
Facilitez-lui la tâche en lui proposant des aliments en morceaux.

Vers 9 mois, il peut commencer à boire à la paille.

À 15 mois, votre enfant peut se servir de sa cuillère et de son verre, ce qui est une belle étape vers l'autonomie. L'enfant de 15 mois a besoin de sa table basse pour être autonome pour la plupart de ses repas, cependant il peut se joindre à la table familiale le soir, si le repas a lieu à une heure raisonnable. On peut, par exemple, faire dîner l'enfant plus tôt et l'associer à la table familiale pour son dessert. Choisissez une chaise évolutive plutôt qu'une chaise haute : elle renforce l'autonomie de l'enfant en lui permettant de monter et de descendre seul.

59
l'aider à s'habiller seul

Réservez à votre enfant, dans sa chambre, une armoire et des tiroirs adaptés à sa taille et ne mettez à disposition que quelques vêtements de saison, laissez-le choisir.
Prévoyez une corbeille à linge dans laquelle il déposera ses vêtements le soir.
Encouragez-le à s'habiller seul. Cela prend du temps, mais c'est important.
Avec un peu d'entraînement, votre enfant pourra enfiler et boutonner certains vêtements tout seul vers 14 mois.

- Choisissez des vêtements avec des boutons qui se ferment facilement dans des boutonnières souples.
- Montrez-lui comment enfiler chaque vêtement, seul.
- Proposez-lui de s'exercer à boutonner et à déboutonner en disposant un grand gilet à plat par terre ou sur sa petite table.

une ambiance sereine

Placez un miroir en pied dans la chambre de l'enfant. Vous pouvez utiliser le miroir que vous aviez mis le long du matelas d'activités, en le fixant verticalement au mur.
Le miroir est un élément important pour la coordination, pour apprendre à se connaître et à prendre soin de soi. Ainsi, il pourra vérifier, avant de quitter sa chambre, s'il s'est bien habillé, qu'il ne manque rien et qu'il est propre et coiffé et donc prêt à rejoindre le reste de la famille. C'est exactement ce que nous faisons avant de quitter notre maison, par courtoisie vis-à-vis des autres.

Ses observations dans le miroir vont beaucoup lui apprendre.

une ambiance sereine

60
au jardin

Si vous avez un jardin ou une terrasse, créez un petit coin où l'enfant pourra circuler librement, où il pourra jardiner, planter des graines dans de petits pots, les arroser, suivre un petit labyrinthe, se laver les mains, faire la lessive...
L'idéal est de pouvoir créer un endroit où l'enfant peut entrer et sortir à volonté sans danger – avec une petite barrière lorsqu'il n'y a pas d'adulte pour le surveiller.
Prévoyez des outils de jardinage à sa taille : une pelle, un seau et un râteau pour ramasser les feuilles mortes en automne.

une ambiance sereine

Suggestion de jouets et de cadeaux

De la naissance à 15 mois environ

- Des jouets en tissu avec différentes qualités tactiles.
- Des hochets en matières naturelles.
- Des mobiles qui attirent l'attention de l'enfant.
- Une poupée en chiffon avec un visage dessiné ou brodé.
- Des jouets qui font du bruit quand on les presse.
- Des boîtes à musique.
- Des balles de différentes tailles et de différentes matières.
- Des planchettes de bois, type Kapla.
- Des cubes.
- Des jeux pour le bain et pour verser de l'eau.
- Des instruments de musique simples comme la flûte à coulisse (9-10 mois).
- Des grosses toupies.
- Des boîtes avec des formes à encastrer.
- Des jeux à empiler.
- Des livres en tissu, en carton, à toucher, souples, reliés...
- Des figurines d'animaux.

Ma sélection de livres pour les tout-petits

- *Enfantines : jouer, parler avec le bébé*, Marie-Claire Bruley et Philippe Dumas, L'École des loisirs, 1996.
- *Le premier livre de bébé*, Gyo Fujikawa, Gautier-Languereau, 2001.
- *Ça va mieux ! Histoires de bébé*, Jeanne Ashbé, Pastel, L'école des loisirs, 2000.
- *Bébés du monde*, Père Castor, Flammarion, 2011.
- *Bébé*, Helen Oxenbury et John Burningham, Milan, 2009.
- *Arthur travaille*, Helen Oxenbury, Bayard jeunesse, 2001.
- *Arthur s'habille*, Helen Oxenbury, Bayard jeunesse, 2001.
- *Je vois*, Helen Oxenbury, Albin Michel jeunesse, 1999.
- *Je peux*, Helen Oxenbury, Albin Michel jeunesse, 2000.
- *Je touche*, Helen Oxenbury, Albin Michel jeunesse, 1999.

- *Léo et Popi*, Helen Oxenbury et Claire Clément, Bayard jeunesse, 2011.
- *Les nouvelles bottes rouges de Pépin*, Marie-Hélène Place et Caroline Fontaine Riquier, Hatier, 2004.
- *Balthazar s'habille*, Marie-Hélène Place et Caroline Fontaine Riquier, Hatier, 2010.
- *La chenille qui fait des trous*, Eric Carle, Mijade, 2004.
- *Les animaux de la ferme*, François Delebecque, Les Grandes Personnes, 2010.
- *Blanc sur noir*, Tana Hoban, Kaléidoscope, 1993.
- *Les prélivres*, Bruno Munari, Cera Nrs, 2000 (12 volumes).
- *Bonne nuit à tous*, Bruno Munari, Le Seuil, 2006.
- *Toc toc*, Bruno Munari, Le Seuil, 2004.
- *Petit musée*, Alain Le Saux et Grégoire Solotareff, L'École des loisirs, 2005.

Marie-Hélène Place, l'auteure

C'est sur un volcan en Auvergne que Marie-Hélène Place s'est installée pour écrire et être en contact direct avec le monde de l'enfance. Cette fascinante énergie en devenir, qui fera notre monde de demain, elle souhaite l'accompagner avec délicatesse en écrivant comme on porte une petite tasse de porcelaine précieuse, fragile et magnifique.
Avant l'Auvergne, il y a eu Bruxelles, Londres, Paris, Pondichéry, trois enfants et la vie.
Sensible à la pédagogie Montessori, elle écrit depuis 1994 (surtout) pour les enfants. Ses livres sont une invitation à développer un univers calme, propice à une éducation fondée sur l'encouragement et le respect de l'enfant.
Ses personnages évoluent dans un environnement réaliste en contact avec la nature, qui parfois laisse la place à un univers fantastique – celui de l'enfant intérieur – à l'humour « belgo-britannique » décalé.

Ève Herrmann, la photographe

C'est après la naissance de sa première fille, en 2007, qu'Ève (graphiste indépendante) découvre la pédagogie Montessori au hasard de ses lectures. Le livre *L'enfant* est une véritable révélation qui marque le début d'une nouvelle vie consacrée à l'apprentissage et à la diffusion de cette pédagogie.

Son blog, destiné initialement à accueillir et partager des photos de famille, devient alors un lieu d'expression et de diffusion des idées de Maria Montessori sur les tout-petits. Le succès de son blog et les nombreuses questions des parents lui donnent l'idée de créer un Nido pour rencontrer les parents « en vrai » et pour les guider dans leur démarche montessorienne dès le début de la vie du bébé.

Elle crée l'association EMA (Enseignement Montessori Aujourd'hui) en 2010 avec Marie-Hélène Barbier et Maëlle Nicot.
L'école Montessori d'Angers et le Nido ouvrent en septembre 2011.

http://www.nido-montessori.fr
http://bebeliv.blogspot.com
http://www.ema-angers.fr

Bibliographie

Livres pour les parents s'intéressant à la pédagogie de Maria Montessori

- *Éveiller, épanouir, encourager son enfant. La pédagogie Montessori à la maison*, Tim Seldin, Nathan, 2007.
- *Montessori, Freinet, Steiner... Une école différente pour mon enfant ? De la maternelle au lycée, le guide pour les parents*, Marie-Laure Viaud, Nathan, 2008.
- *100 activités Montessori pour préparer mon enfant à lire et à écrire*, Marie-Hélène Place, Nathan, 2010.

À propos de Maria Montessori

- *Maria Montessori, l'éducation libératrice*, Anne Sizaire, Desclée de Brouwer, 1994.

Par Maria Montessori

- *L'éducation et la paix*, Desclée de Brouwer, 2001.
- *L'esprit absorbant de l'enfant*, Desclée de Brouwer, 2003.
- *L'enfant*, Desclée de Brouwer, 2006.
- *L'enfant dans la famille*, Desclée de Brouwer, 2006.

Le matériel Montessori et les jeux

OPPA-Montessori : 9, rue de la Claye, 45000 Orléans.
www.oppa-montessori.net
Leur catalogue offre à l'enfant un large éventail d'outils à intégrer dans un enseignement personnalisé.
OPPA est distributeur en France du fabricant de matériel Montessori agréé par l'AMI (Association Montessori Internationale).
Fin 2012 : www.balthazaretpepin.com/montessori

Livres pour les enfants intégrant la pédagogie de Maria Montessori, écrits par Marie-Hélène Place

Collection Balthazar, éditions Hatier :
- *Balthazar s'habille.*
- *Les lettres à toucher de Balthazar.*
- *Les chiffres à toucher de Balthazar.*
- *Balthazar et les couleurs de la vie et des rêves aussi.*
- *À la poursuite du lapin brun. Le livre à compter de Balthazar.*
- *Le Noël de Balthazar.*

Les titres consacrés à la pédagogie Montessori aux éditions Nathan

Les livres

- *Éveiller, épanouir, encourager son enfant : la pédagogie Montessori à la maison*, Tim Seldin, Nathan 2007.

- *100 activités Montessori pour préparer mon enfant à lire et à écrire*, Marie-Hélène Place, Nathan, 2010.

- *Mon cahier Montessori*, Marie Kirchner, Nathan 2012.

- *100 activités d'éveil Montessori dès 18 mois*, Ève Herrmann, Nathan 2013.

Les coffrets

- *Mes lettres Montessori, 26 cartes avec des lettres en relief à toucher pour préparer mon enfant à lire et à écrire*, Marie-Hélène Place, Nathan 2011.

- *Mes chiffres à toucher*, Ève Herrmann, Nathan 2013.

- *Mon coffret de lecture Montessori*, Marie Kirchner, Nathan 2013.

Photographies :
p.15 et 73, © Shutterstock.
p.7, 8, 113, 129, © Marie-Hélène Place.

Merci aux éditions Desclée de Brouwer pour leur autorisation à reproduire les citations de Maria Montessori.
Merci à Iris.

Dans la même collection :
365 activités avec mon bébé (0-1 an)
365 activités avec mon tout-petit (1-3 ans)
365 activités avec mon enfant (3-5 ans)
100 massages et activités de relaxation avec mon bébé (0-2 ans)
100 activités Montessori pour préparer mon enfant à lire et à écrire (2-6 ans)
100 astuces bébé pour se simplifier la vie au quotidien (0-2 ans)
100 postures de yoga avec mon bébé (0-2 ans)

60 activités Montessori pour mon bébé

Merci à Monique Baudet, pédagogue Montessori, pour sa relecture précieuse. Encore et toujours, elle crée avec passion des structures pour les petits, Nidos et Maisons des enfants, dans le monde entier.

© 2012 Éditions Nathan, Sejer, pour la première édition

25, avenue Pierre-de-Coubertin, 75013 Paris pour la présente édition

ISBN : 978-2-09-278794-6

Dépôt légal : mars 2016

N° d'éditeur : 10229267

Achevé d'imprimer en septembre 2016

par Clerc (18200, Saint Amand Montrond, France)